DIBUJA COMO ARQUITECTO

GUÍA DE TRAZADO RÁPIDO

ARQ. PARVIN PÉREZ

Pleyades Sketch

Primera edición publicada enero 2023

Copyright © 2022 Parvin Karina Pérez Martínez

Edición © 2022 Itzel Donají Pérez Martínez

Ed. Amazon kindle direct publishing

Segunda edición publicada noviembre 2024

Copyright © 2024 Parvin Karina Pérez Martínez

Ed. Amazon kindle direct publishing

SOBRE EL MANUAL

Este manual pretende ser una guía práctica para mejorar tu trazo consiguiendo mayor fluidez, al conocer los elementos que integran cualquier dibujo de representación arquitectónico a mano alzada, y por medio de la práctica, realizando ejercicios de sombras, contraste, figura humana, vegetación, etc. Desarrollarás la habilidad de hacer o solucionar de manera eficaz un croquis, boceto o perspectivas en poco tiempo. Esta guía está diseñada para que puedas dibujar sobre ella, sin embargo, se recomienda seguir practicando ya sea en copias o en una hoja de papel aparte. En el capítulo de anexos encontrarás algunas hojas de práctica en blanco que te pueden servir de partida para practicar o sacar copias.

Puedes encontrar más plantillas gratuitas y artículos en el sitio web

https://pleyadesketch.wixsite.com/website

Pleyades Sketch

CÓMO UTILIZAR LAS PLANTILLAS

Ejemplo para
realizar el ejercicio

Nivel del
ejercicio

QR video
explicativo

Texturas
sugeridas

Las plantillas se estructuran por niveles de dificultad, siendo N1 el nivel básico y N3 el nivel más avanzado. En los niveles N1, N2 encontrarás sugerencias de texturas en la parte inferior o a la izquierda para su aplicación, en cambio en los N3 carece de sugerencias y se presta a tu interpretación.

En la mayoría de ejercicios podrás encontrarás en la esquina superior izquierda un ejemplo del ejercicio que se está realizando, en la esquina superior derecha encontrarás un QR que te dirige al ejercicio exacto en mi canal de Youtube, la ideal es que tu puedas realizar el ejercicio del video comprendiendo las bases del boceto y posteriormente explores la plantilla con tus propios diseños o dibujos.

Si eres principiante te recomiendo realizar todos los ejercicios del nivel 1 posteriormente aumentar a los del nivel 2 y nivel 3.

CONTENIDO

1. NOTAS IMPORTANTES DEL AUTOR

Este manual es un libro de trabajo o mejor conocido como "Workbook" es decir, son ejercicios y hojas de práctica usualmente acompañadas de una sugerencia gráfica en la parte superior izquierda de cómo puedes realizar el ejercicio, pero la libertad creativa y la decisión última de cómo realizar y expresar tu dibujo la tendras tu. Puedes trabajar directamente la técnica en el libro o sacar las copias de tu preferencia para practicar las veces que sea necesario.

Como el libro es de ejercicios carece de explicación teórica detallada de cómo realizarlos, sin embargo, en la mayoría de hojas encontrarás un código QR que te redirigirá a la playlist en mi canal de Youtube Pléyades Sketch donde encontrarás una explicación audiovisual más detallada de cómo realizar cada ejercicio, para que puedas aprender a la hora que lo necesites y sobre todo a tu ritmo.

Si por el contrario buscas entender a profundidad la teoría del dibujo de boceto en arquitectura, como herramienta de diseño y comunicación de ideas, la podrás encontrar en mi ebook Croquis 7P guía práctica para dibujo de croquis arquitectónico, con teoría y práctica, si ya los has leído este workbook es una complementación para que apliques toda la teoría.

2. TRAZOS BÁSICOS

El problema del mal entendimiento de un trazo, es decir, el porque un trazo no representa bien la idea que visualizamos es el primer motivo por el cual existe la representación de croquis en arquitectura. Sin embargo, no es necesario saber representar todo de manera hiperrealista, pero sí es importante comunicar de manera eficaz nuestras ideas por medio de trazos simples, y eso no requiere tener un don sobrenatural de artista, sino tener una habilidad desarrollada que implica llevar a cabo una práctica constante del dibujo.

Como el título lo indica, este es un libro de práctica o libro de trabajo que te ayudará al manejo de las herramientas de dibujo de croquis y a mejorar tu técnica. Mediante la práctica con ejercicios te ayudará a desarrollar un trazo más fluido, así como te llevará a resolver ejercicios de dibujo de croquis y perspectiva arquitectónica con el fin de desarrollar tu habilidad.

Los ejercicios que veremos en este capítulo son básicos en la introducción a cualquier tipo de dibujo, primeramente lo que se busca es familiarizarte con los trazos base para después dominar la técnica. Por ello en esta sección se utilizaran lápices dentro del rango de graduación HB a 6B. Especialmente te recomiendo realizar todos los ejercicios con las graduaciones de lápiz HB, 2B, 4B y 6B, ya que estas graduaciones nos permiten advertir con mayor claridad y a simple vista las diferencias en el manejo técnico del lápiz o bien las diferencias en la forma en que ejecutamos el trazo y esto te ayudará a comprender mejor la ejecución de estas herramientas.

El grafito del lápiz nos permite dar texturas y matices diferentes en los trazos sin tener que cambiar de herramienta o graduación de lápiz, ya sea deslizando de manera rápida sobre la hoja o simplemente aplicando con él un poco de presión en la hoja. Como extra, al final del capítulo encontrarás dos grupos de ejercicios para practicar con plumones, sin embargo como el tema no se desarrolla en esta guía, te sugerimos únicamente tratar de imitar ese tipo de texturas con los plumones que tengas a tu alcance

BÁSICOS CON Lápiz

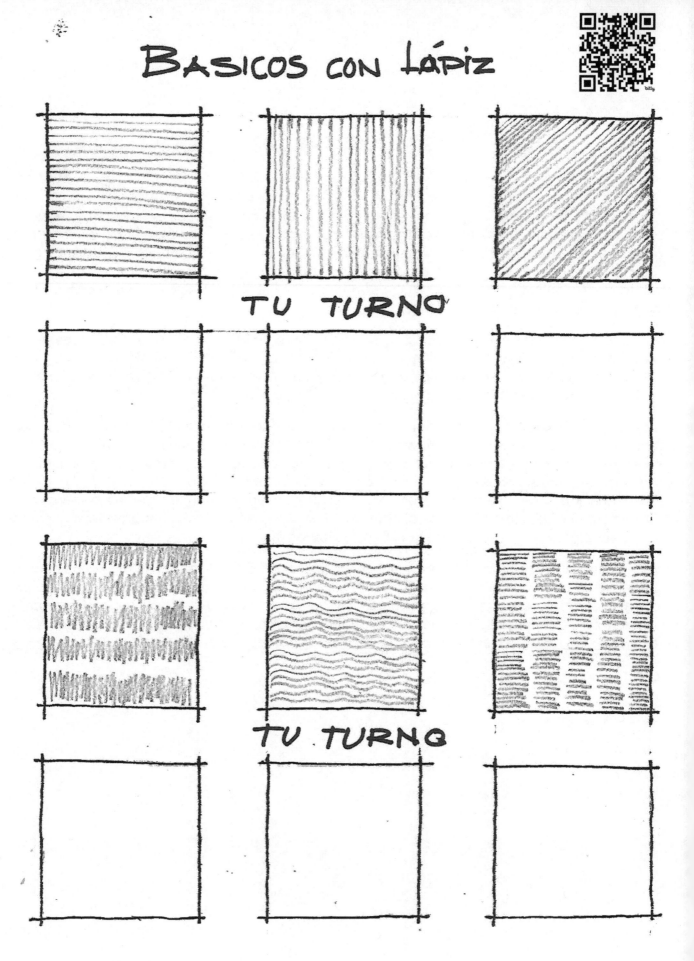

TU TURNO

TU TURNO

TRAMAS

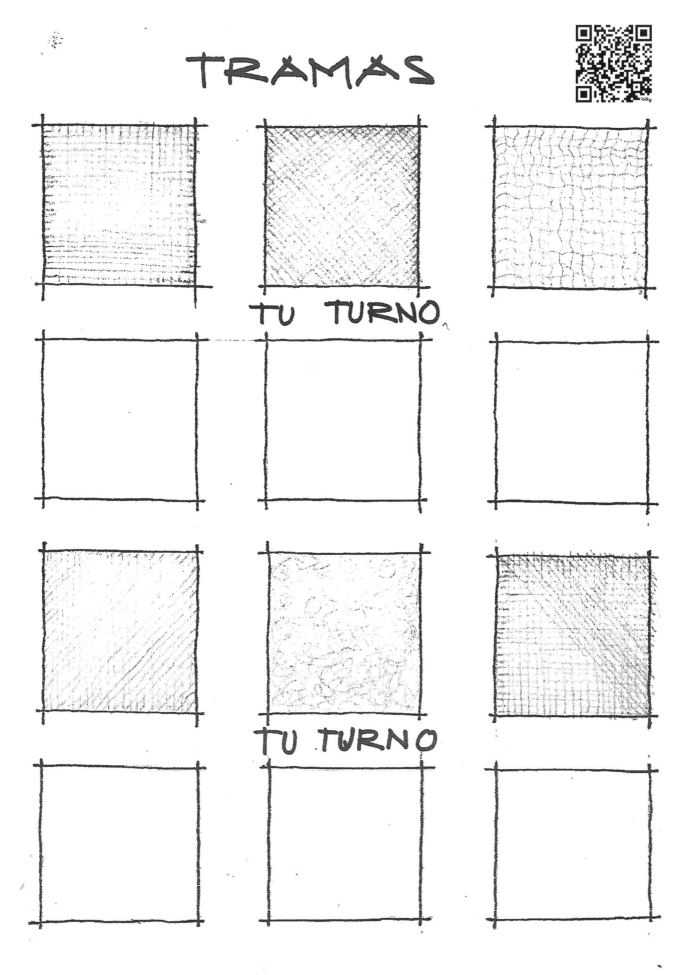

TU TURNO

TU TURNO

9

DEGRADADOS

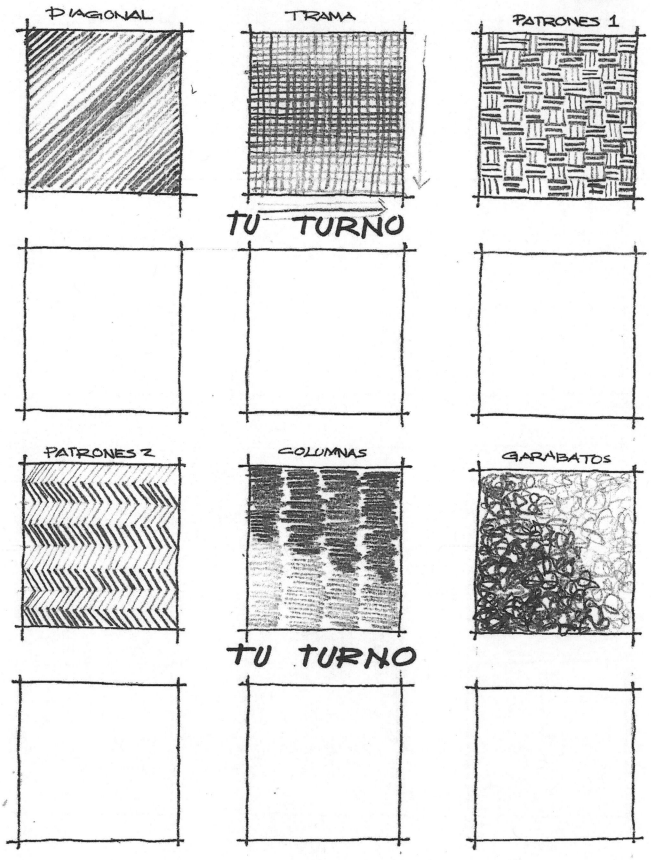

DIAGONAL

TRAMA

PATRONES 1

TU TURNO

PATRONES 2

COLUMNAS

GARABATOS

TU TURNO

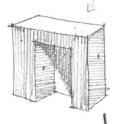

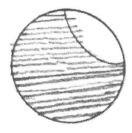

Horizontal

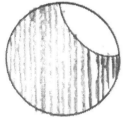

Vertical

Relleno

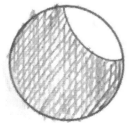

Trama

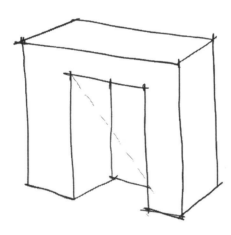

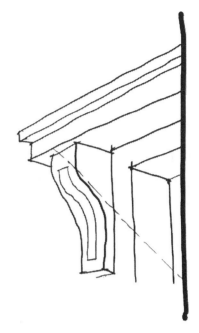

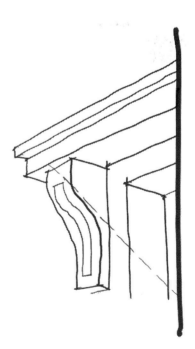

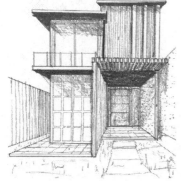

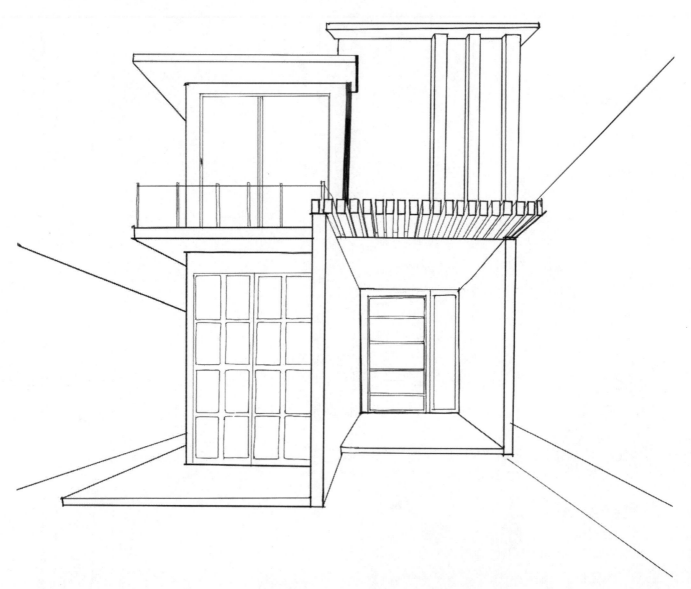

Vertical   Trama   Diagonal   Punteado   Relleno   Pelo

3. ACHURADO

Este capítulo está dedicado a la práctica de achurado, la cual es una técnica de croquis en la que se utilizan únicamente las tintas o plumas en el dibujo. El achurado consiste en rellenar un área en un dibujo o imagen usando líneas paralelas o bien mediante la práctica de diferentes tramas o el entrelazado de líneas paralelas que nos permitirán obtener el aspecto de una textura.

¿Por qué los achurados? Cuando dibujamos no siempre tenemos a mano nuestras herramientas de lápices, plumones y colores por lo que el arquitecto recurre a dar texturas con una única herramienta que usualmente lo acompaña; una pluma, estilógrafo o bolígrafo. De lo que consiste es poder transmitir como una sola herramienta las ideas de forma clara y concisa, abierta a diversas posibilidades y a la interpretación.

Las tintas se caracterizan por tener un flujo de tinta constante, imborrable y siempre uniforme, a diferencia del grafito que al aplicar presión conseguimos impresiones distintas del grafito, dando como resultado diversidad de matices y texturas. Con las tintas no podemos conseguir diferentes matices y texturas por presión, sino que las conseguimos mediante el entramado o superposición de líneas paralelas.

Para estos ejercicios, te recomiendo comenzar con estilógrafos desechables ya que estos te permiten inclinar la punta sin romperse al contrario de los estilógrafos recargables que su punta suele ser metálica y no permite inclinar la punta. Asimismo te recomiendo empezar utilizando los estilografos de 0.2, 0.5 y 0.8 para comprender mejor el uso de grosor de línea.

BASICOS MIXTO

TU TURNO

TU TURNO

BÁSICOS CON TINTAS

90°

ESPACIADO VERTICAL

RADIAL

TU TURNO

ESPACIADO DIAGONAL

CURVAS ALEATORIAS

CURVA CONTINUAS

TU TURNO

ACHURADO

DEGRADADO   MIXTO   CRUZADO

ONDAS   DISCONTINUO   GARABATOS

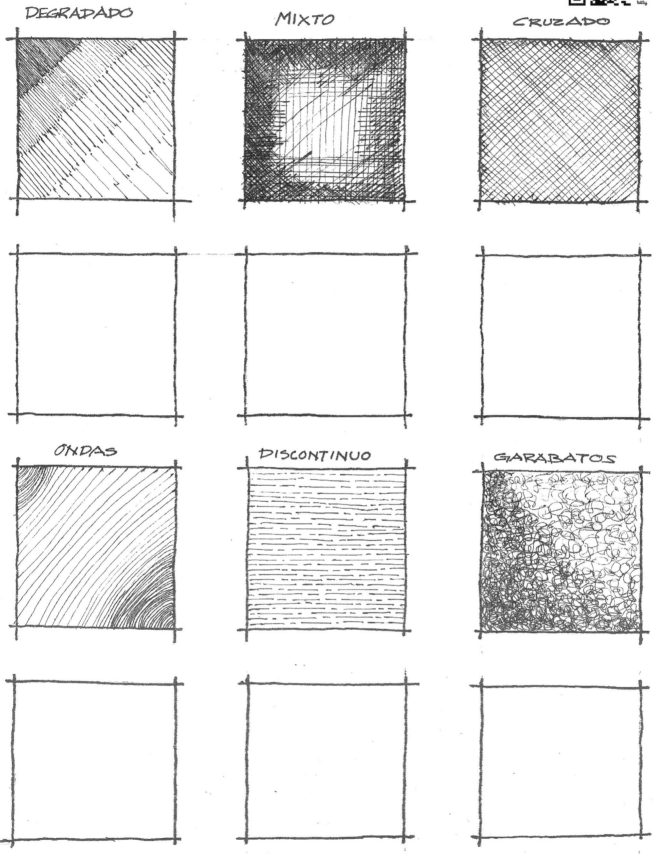

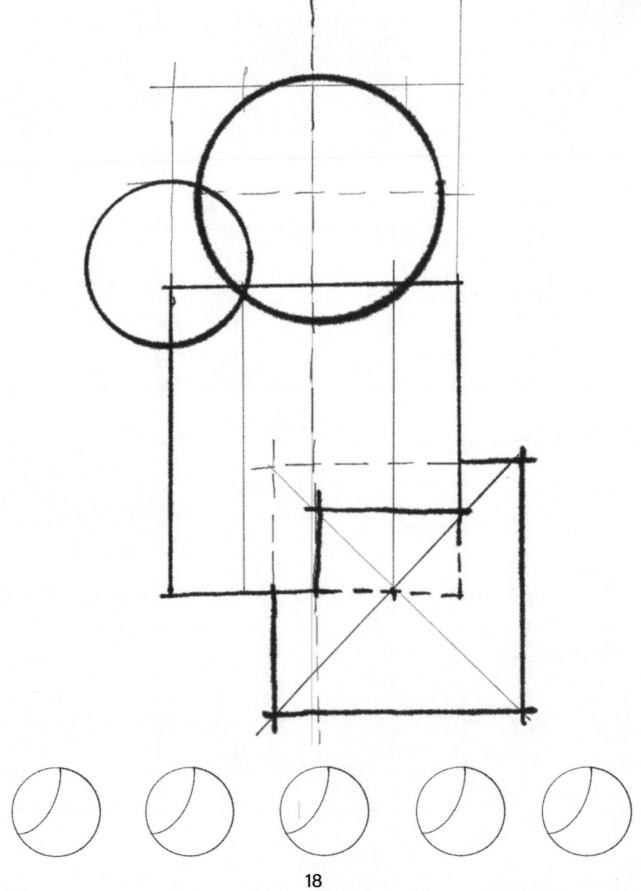

Trama   Relleno   Vertical   Horizontal   Textra

PRÁCTICA CON TINTAS
SOMBRAS EN INTERIOR

Horizontal

Vertical

Relleno

Trama

4. TÉCNICA CON PLUMONES

En la edición pasada no se había podido tratar el tema de la técnica de plumones ya que el color aumentaba el costo de impresión y lo que buscábamos en un principio era un libro accesible, sin embargo, sin color es difícil comprender la técnica cromática, monocromática y complementaria de los colores y su aplicación en el papel. Por lo que en esta segunda edición decidí desarrollar el tema, aparte que es uno de los temas más solicitados en el dibujo de boceto arquitectónico. En esta nueva sección trataremos los temas de; aplicación de color y utilización de los plumones profesionales, ejercicios básicos de aplicación del color en volumenes y la aplicación del color en escenas interiores.

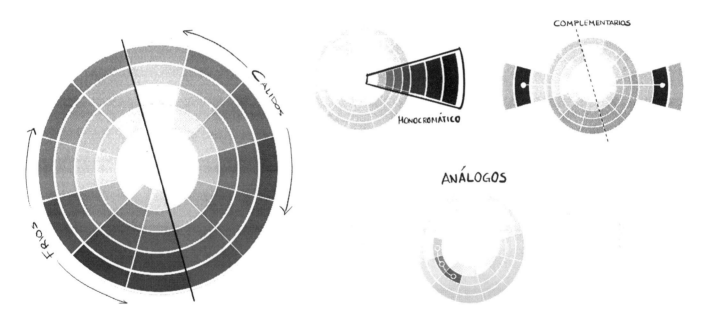

El círculo cromático es la herramienta por excelencia para comprender el color, se divide en colores cálidos y colores fríos, dentro de la teoría del color encontramos combinaciones establecidas que te garantizan una combinación de color armónica, y que nos permiten visualizar y seleccionar las relaciones entre tonalidades, creando paletas de colores armónica para tus proyectos, te dejo el ejemplo de tres de ellas a la derecha del círculo cromático.

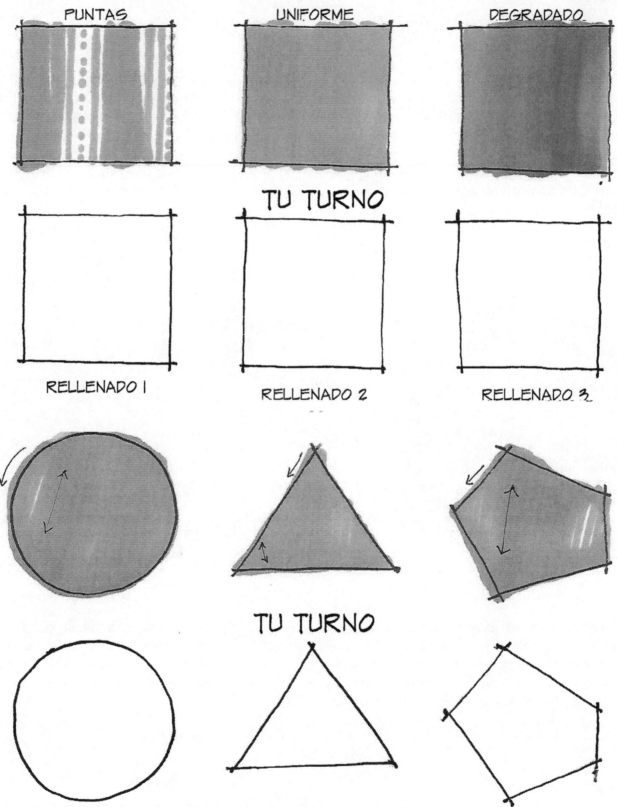

PUNTAS   UNIFORME   DEGRADADO

TU TURNO

RELLENADO 1   RELLENADO 2   RELLENADO 3

TU TURNO

En los ejercicios de rellenado utiliza la combinación de las tres puntas diferentes que tiene el plumón

TÉCNICA CON PLUMONES
PLANOS, SOMBRAS Y REFLEJOS

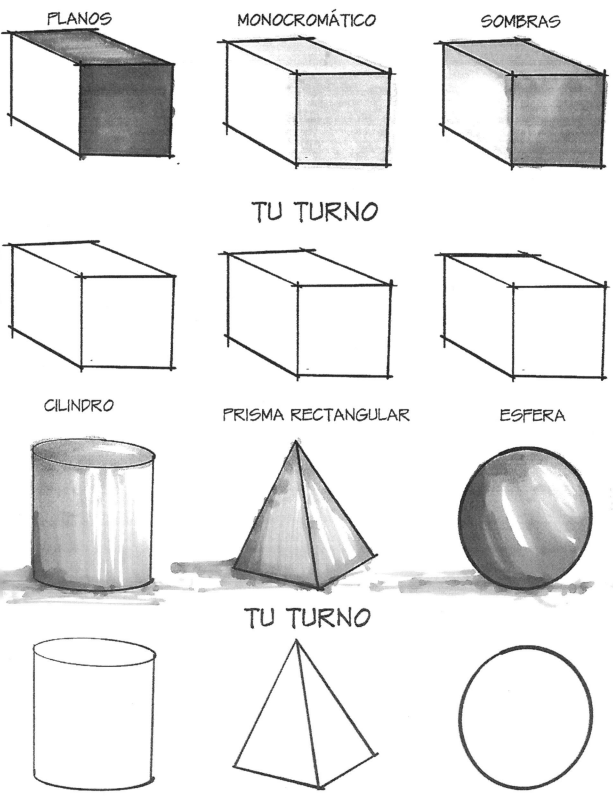

PLANOS

MONOCROMÁTICO

SOMBRAS

TU TURNO

CILINDRO

PRISMA RECTANGULAR

ESFERA

TU TURNO

La sombra la puedes emplear con un color complementario u obscuro. Los reflejos se manejan con espacios en vacíos (en blanco).

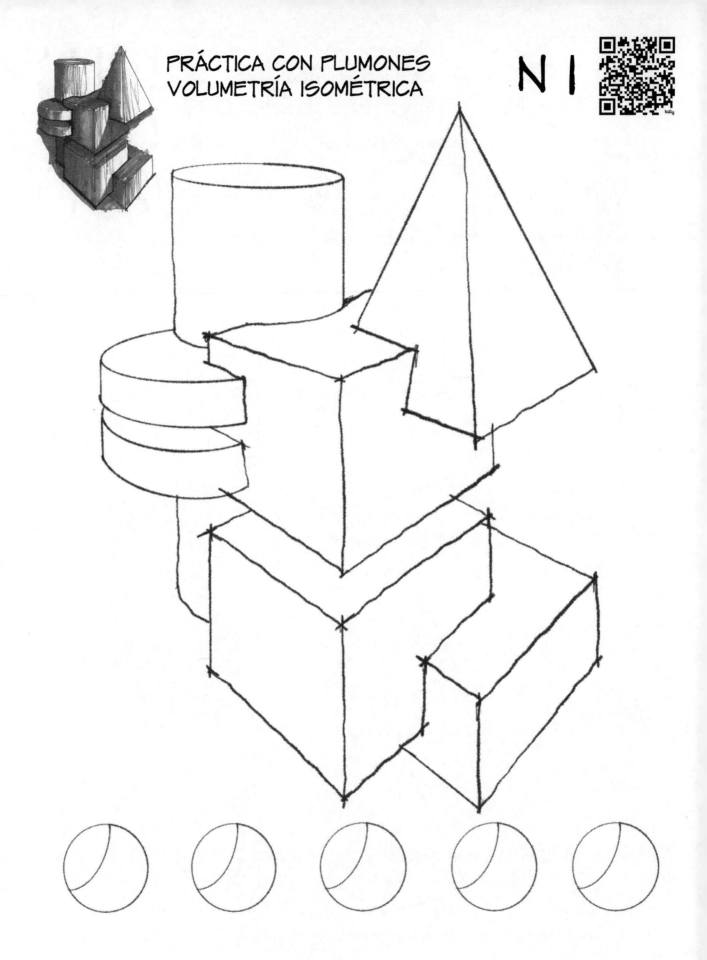

PRÁCTICA CON PLUMONES
OBJETOS COTIDIANOS PARTE 2

PRÁCTICA CON PLUMONES
PERSPECTIVA INTERIOR

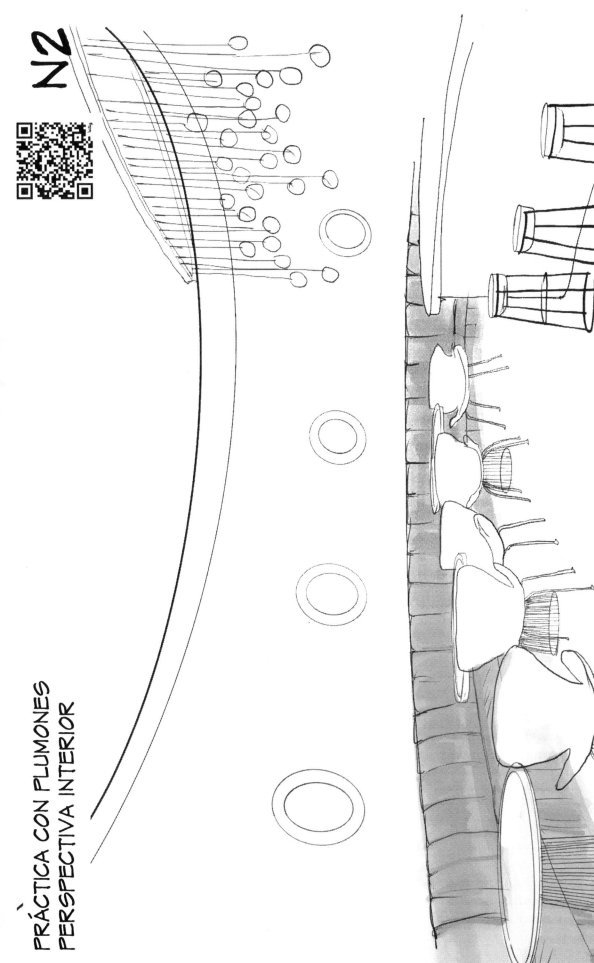

5. MODULACIÓN

Cuando somos niños la imaginación nos permite jugar, inventar y crear nuevas realidades que físicamente no existen, es muy común salirse de los límites del papel, salirse de las dimensiones reales de un objeto, sin embargo en arquitectura pasa algo similar al empezar a dibujar con "escala", estamos tan inmersos en la cultura de la exactitud de las medidas, en la dimensiones específicas para un dibujo se software que olvidamos la intuición de realizar procesos de manera más orgánica, proporcionada y en armonía con el hombre y la industria, lo que muchas veces se traduce en retrocesos en el proceso de ejecución sobre todo cuando se desasocia el diseño proyectado con la industria existente (materiales).

Dibujar con módulos y no con medidas nos permite relacionar cada parte con el todo, cuando el módulo se toma desde el contexto planteado, la proporción y armonía bajan desde el boceto inicial de la idea y comienza a concretarse de manera orgánica en una realidad existente.

"Modular, no cuadricular, es un modo de sentir las dimensiones, de proporcionar, de relacionar las partes con el todo y viceversa, responde a una voluntad de orden y a un deseo de integración; que es adaptable a cualquier dimensión sea abstracta o fija analíticamente, pero siempre a escala con el hombre y la industria."

-Augusto H. Álvarez. -

MODULACIÓN DE FACHADA EN PERSPECTIVA

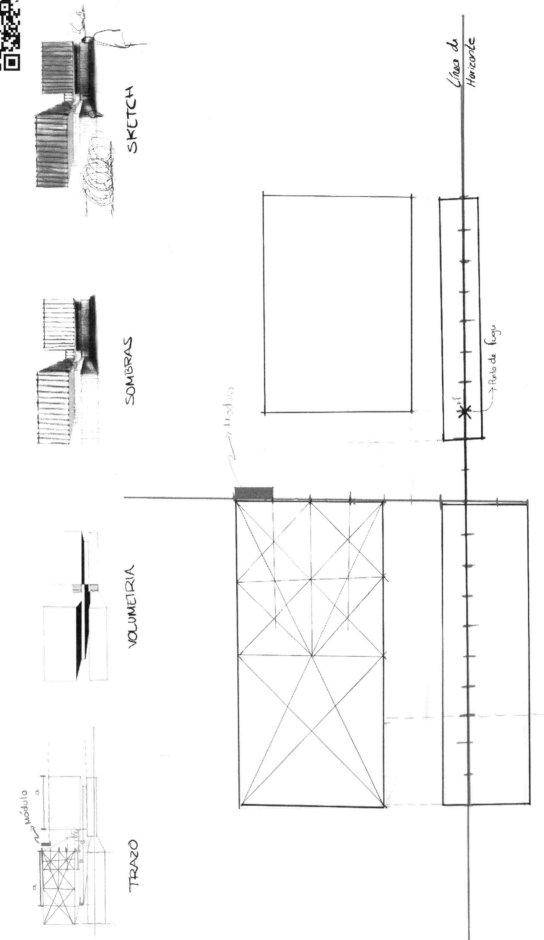

SKETCH

SOMBRAS

VOLUMETRIA

TRAZO

módulo

Línea de Horizonte

Punto de Fuga

MODULACIÓN EN PERSPECTIVA 2.P.f.

N2

TRAZO

1.P.f.

2.P.f

Módulo

SKETCH

LÍNEA DE HORIZONTE

1.P.f.

LÍNEA DE TIERRA

2.P.f.

MODULACIÓN EN PERSPECTIVA 3P.f.

N3

SKETCH

TRAZO

3.P.f.

31

6. PERSPECTIVA

En arquitectura existen diversos tipos de perspectivas que utilizamos para mostrar un proyecto en diferentes etapas, desde la perspectiva lineal hasta las perspectivas axonométricas estos dos tipos de perspectiva responde a procesos de diseño diferentes. Mientras que la perspectiva lineal se utiliza en dibujo de croquis o bocetos por su flexibilidad para plasmar rápidamente las ideas se aplica a proceso de diseño iniciales, en cambio las perspectivas axonométricas como lo es la perspectiva isométrica, caballera o militar vistas en dibujo técnico nos sirven para la ejecución y medición de un proyecto ejecutivo ya avanzado, y que incluso podemos realizarlos con mayor facilidad en softwares de dibujo como autocad, revit o archicad.

En este libro abordaremos únicamente la perspectiva lineal cónica, llamada así porque parece un cono, pues parte de un punto de fuga que va marcando los vértices de un contorno geométrico.

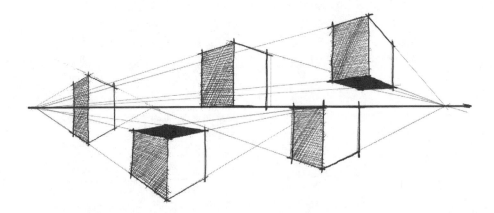

La perspectiva lineal es una técnica de dibujo que nos permite representar profundidad, escala y espacio en una ilustración, sus elementos básicos son el punto de fuga, la línea de horizonte, la línea de tierra y las líneas de proyección que dan forma a las figuras. En cambio las perspectivas axonométricas es una representación muy útil cuando necesitamos detallar una propuesta, desglosando sus detalles de manera visual, se caracteriza porque todas sus líneas son paralelas entre sí a diferencia de la perspectiva lineal, la axonométrica carece de línea de tierra y horizonte, porque la vista es de una manera que el ojo humano no percibe.

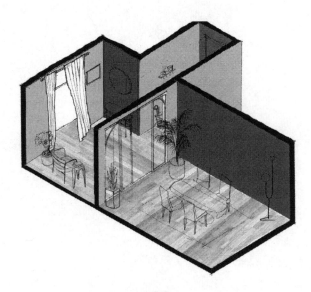

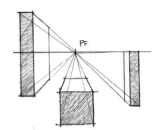

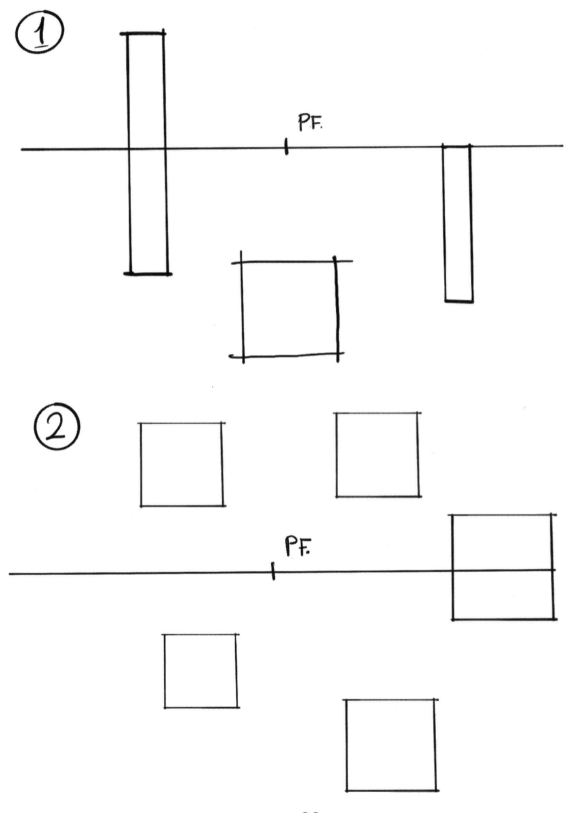

① PF.

② PF.

33

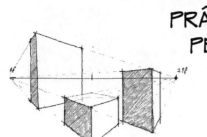

N I

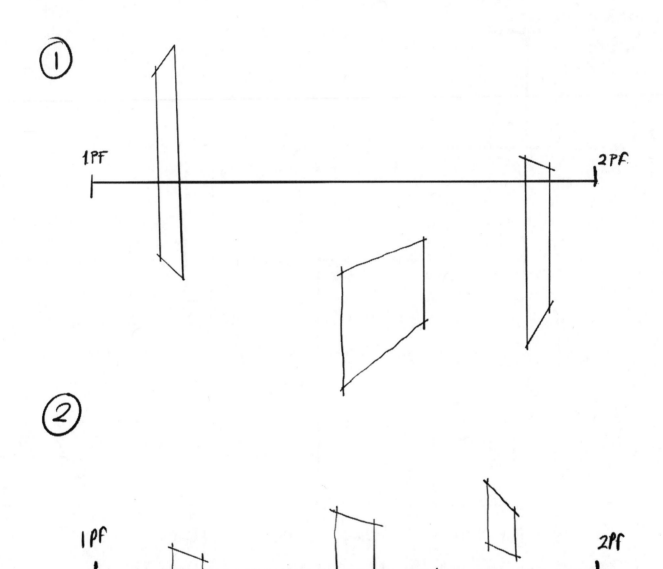

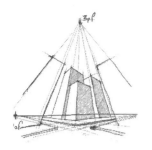

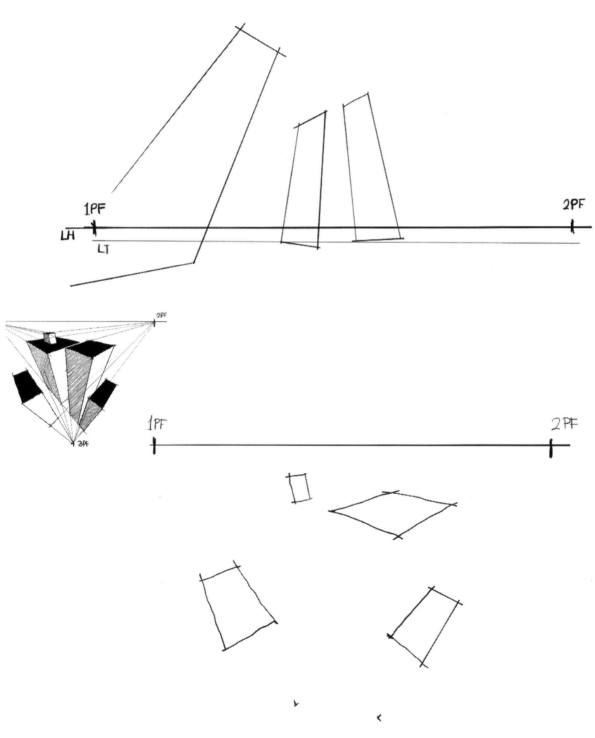

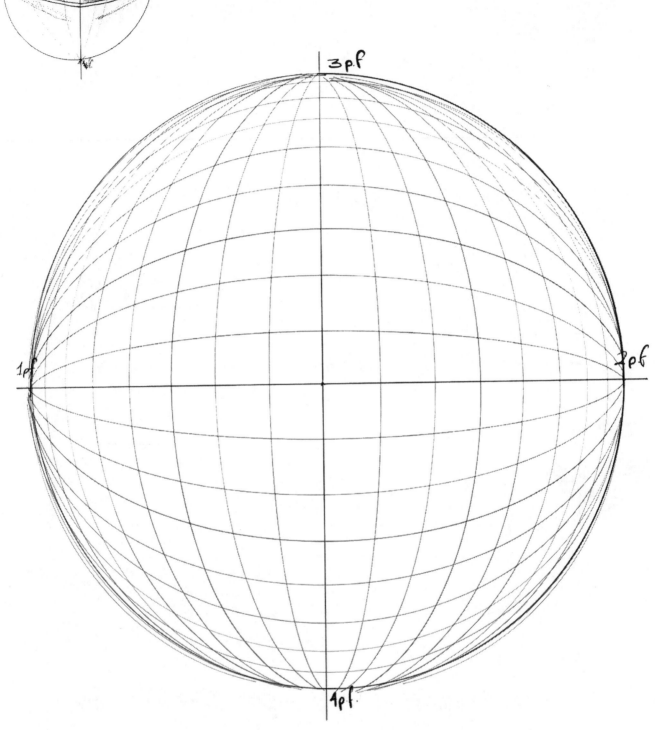

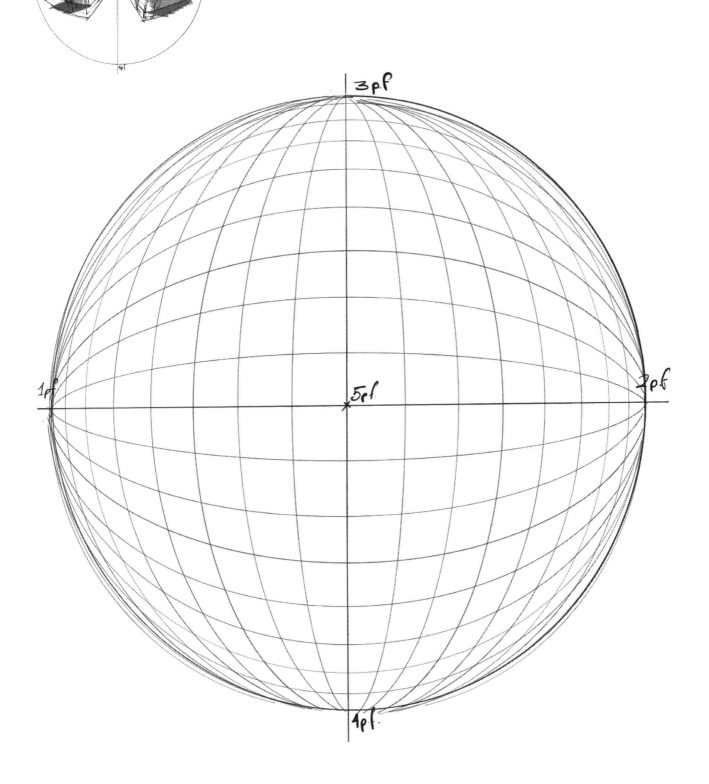

7. SOMBRAS Y PROFUNDIDAD

Las sombras es un tema fundamental en cualquier tipo de dibujo, sin embargo en dibujo para boceto, no tenemos que ser expertos en dibujo hiperrealista sino en síntesis de las formas a través de la sombra para la interpretación coherente de nuestra idea.

Es por ello que es de suma importancia comprender el comportamiento básico de la incidencia de la luz y el comportamiento de la sombras en volúmenes y elementos de arquitectura.

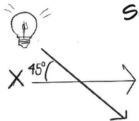

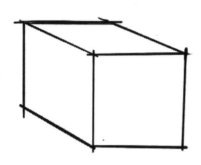

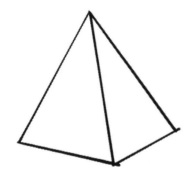

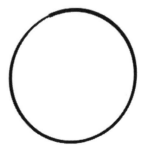

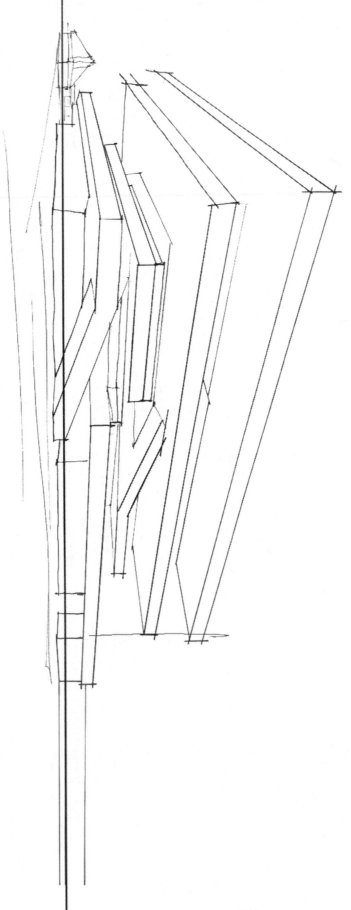

N2

PRÁCTICA DE SOMBRAS
PERSPECTIVA INTERIOR CON 3 PUNTOS DE FUGA

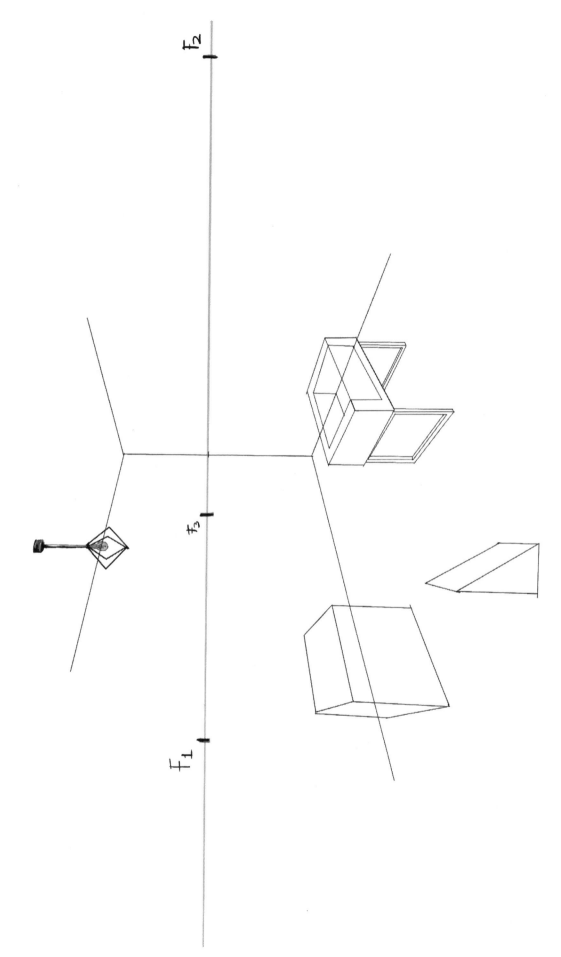

F_2

F_3

F_1

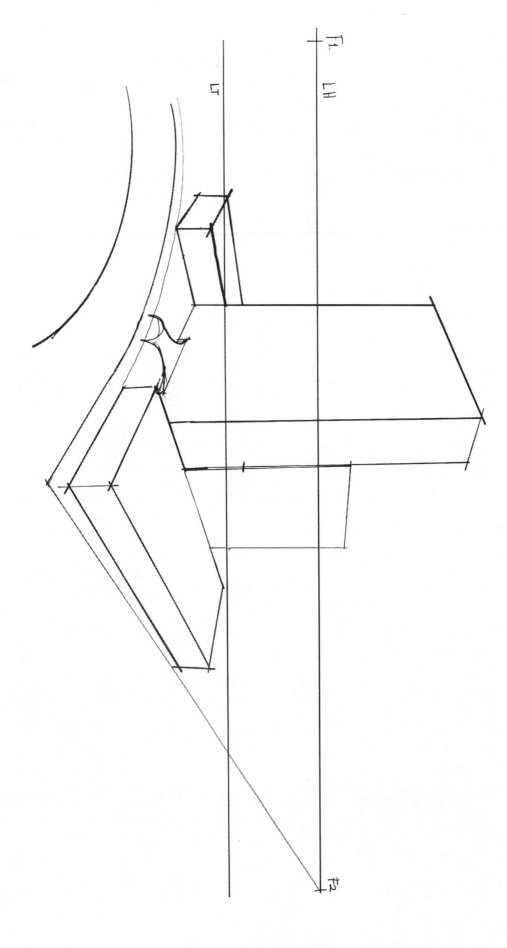

F1

LH

LT

F2

PRÁCTICA DE PROFUNDIDAD
FACHADA DE CASA ARNSWORTH

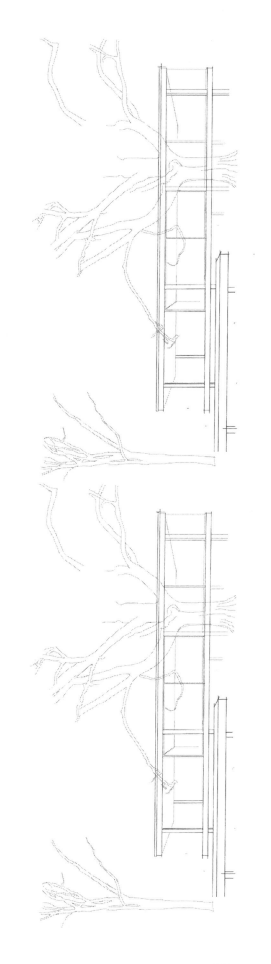

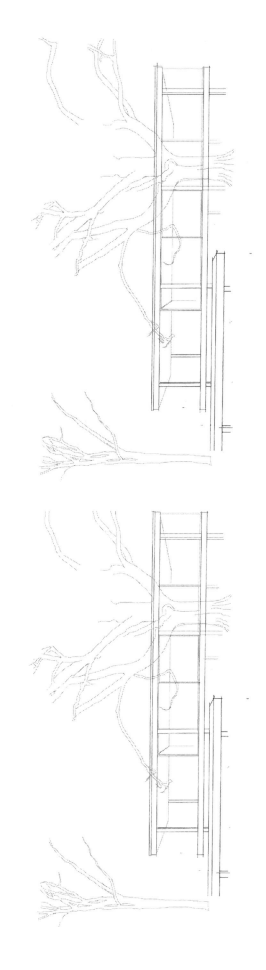

43

8. ELEMENTOS DEL BOCETO ARQUITECTÓNICO

Este capítulo tratará el cómo representar los elementos que caracterizan al dibujo de boceto en arquitectura, tales como: vegetación, escalas humanas, texturas, trazos, etc. Mediante la práctica de cada elemento podrás imitar el ejemplo en el espacio indicado.

Cuando recién comenzamos a familiarizarnos con los objetos es muy difícil poder dibujarlos si no tenemos una referencias visual de cómo son, por ello imitar o incluso calcar elementos u objetos es da las mejores formas de aprender la figura y así generar un "base de datos" en nuestra memoria que posteriormente podremos implementar al dibujar automáticamente sin necesidad de requerir una referencia.

En esta sección te recomiendo ampliamente realizar los ejercicios de 2 a 5 veces y veas el proceso de mejoría en tus trazos, si todavía no le pierdes el miedo a las tintas puedes comenzar tu trazos a lápiz y después continuar con tinta.

Puedes descargar algunos de estos ejercicios por separado en pdf en el sitio web de pleyadesketch. wixsite.com. Si tienes dudas de cómo realizar el ejercicio puedes consultar los videos tutoriales cortos en redes sociales de @pleyades-sketch en tik tok e instagram o para una mejor retroalimentación puedes consultarlos en el canal de Youtube de Pleyades Sketch.

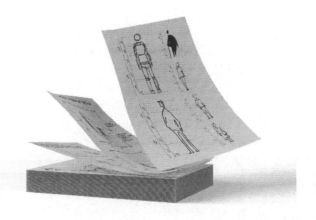

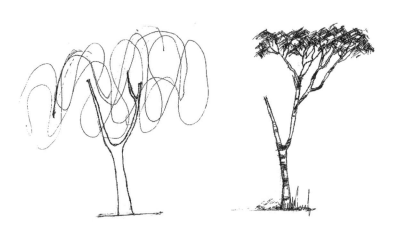

TU TURNO

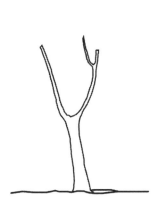

PROPORCIÓN DE LA FIGURA HUMANA

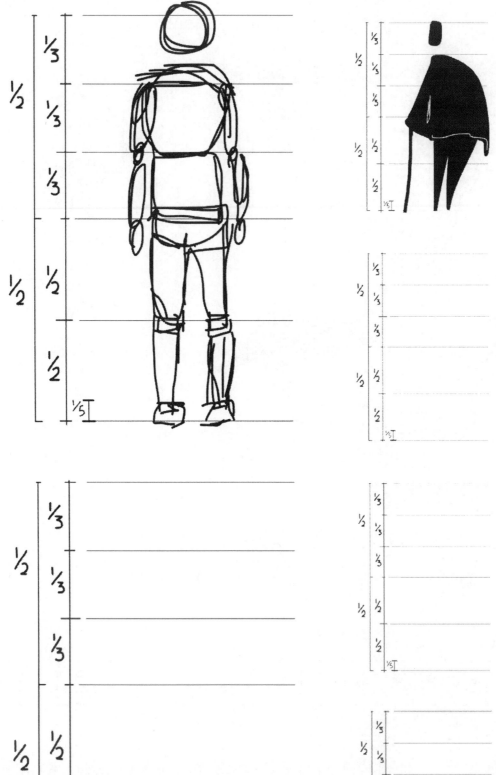

46

PROPORCIÓN DE LA FIGURA HUMANA

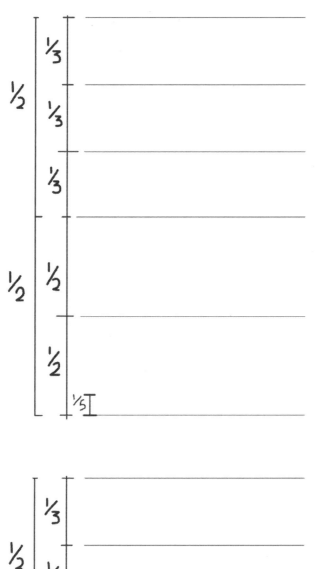

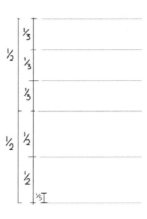

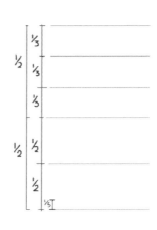

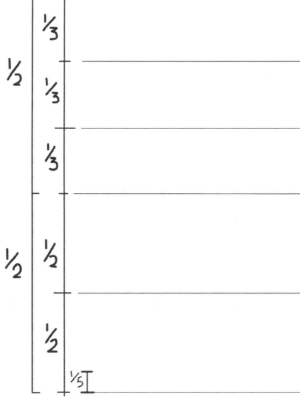

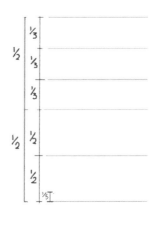

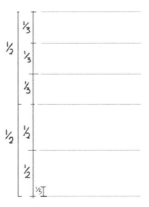

TEXTURAS CON PLUMONES

PIEDRA BOLA

CONCRETO

MARMOL NEGRO

TU TURNO

MADERA MACHIMBRADA

LAJA AMARILLA

TELA 01

TU TURNO

TEXTURAS CON PLUMONES

MADERA 1   PARQUET   MADERA 2

TU TURNO

CAIDA DE CORTINA   COJIN   ALFOMBRA

TU TURNO

9. PRÁCTICAS DE ESTILOS EN ARQUITECTURA

"La creatividad es permitirse a sí mismo cometer errores.
Arte es saber cuáles mantener."
Scott Adams

Nada te dará más sabiduría que ejecutar, este último capítulo está dedicado a practicar todo lo aprendido, recuerda que siempre tendrás un ejemplo de referencia en la parte superior izquierda pero lo ideal es encontrar tu propio estilo. Te recomiendo ampliamente sacar de 3 a 5 copias y experimentar con las diferentes técnicas; grafito, tintas y plumones, así como diferentes formas de achurados, colores y tenencia de escalas y vegetación. En la primera hoja te dejo una práctica de tu trazo que te ayudará a tener mejor pulso en líneas rectas y los ejercicios posteriores son bocetos de los edificios icónicos de cada estilo arquitectónico mencionado. No dejes de practicar.

PLEYADES_SKETCH

Dibuja el Estilo Románico

 Vertical

 Tramas

 Relleno

 Tipo C

 Plumón

DIBUJA AL
ESTILO ISLAMICO

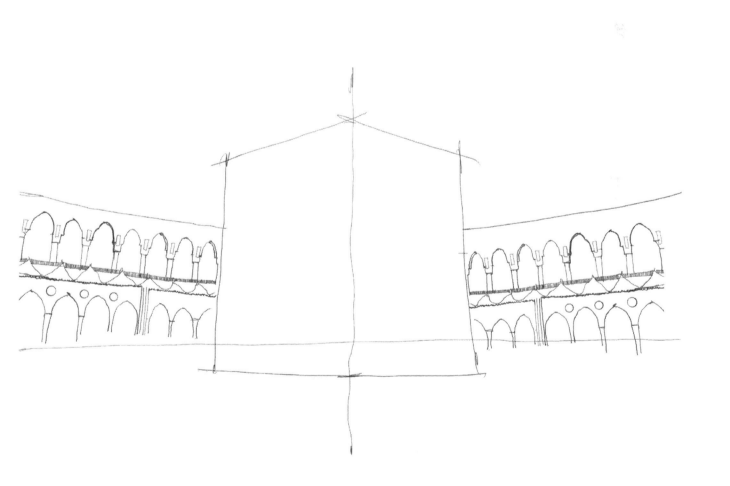

DIBUJA AL ESTILO GÓTICO

DIBUJA
AL ESTILO
ART NOVEAU

Horizontal

Vertical

Cruzado

Relleno

Difuminado

DIBUJA EL ESTILO NEOCLÁSICO

CRUZADO

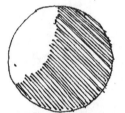

DIAGONAL

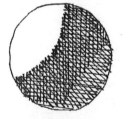

MIXTO

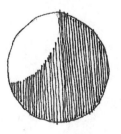

VERTICAL

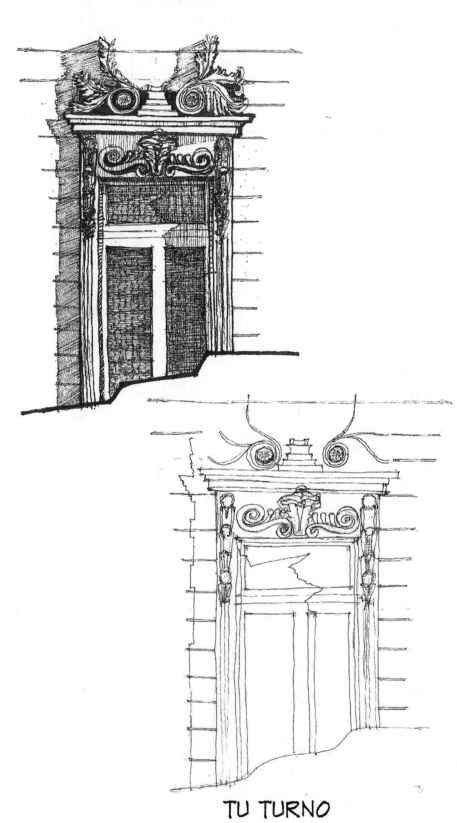

TU TURNO

10. ANEXOS

En esta sección te dejamos una serie de hojas pautadas en blanco para que puedas realizar los ejercicios ya sea aquí o sacando copias. La hoja cuadriculada te servirá como referencia para realizar cualquier trabajo que requiera texto a mano alzada, puedes ponerla debajo de tu hoja de dibujo para tomarla como guía. Las hojas con los recuadros son para practicar la texturas básicas que vimos en los capítulos 1, 2 y 8.

Si te gustó el contenido del manual de trazado rápido puedes complementar tu aprendizaje con los "Croquis 7P guía para dibujo de croquis", "Dibujar los estilos arquitectónicos y "Dibuja la ciudad de Oaxaca" que son parte de nuestra colección.

Por último si te apasiona este mundo del dibujo arquitectónico y quieres perfeccionar tu técnicas te recomiendo eches un vistazo al libro de "Croquis 7P" una guía práctica de dibujo arquitectónico donde encontraras mas de 50 ejercicios prácticos y consejos del dibujo arquitectónicos disponible en el sitio web www.pleaydesketch.wixsite.com

También puedes formar parte de Urban sketch una comunidad global de artistas que dibujamos por todo el mundo, es gratuito y te servirá mucho para practicar. Igualmente puedes seguir a @pleyadesⓍsketch en redes sociales para encontrar materiales y videos que facilitarán tu aprendizaje.

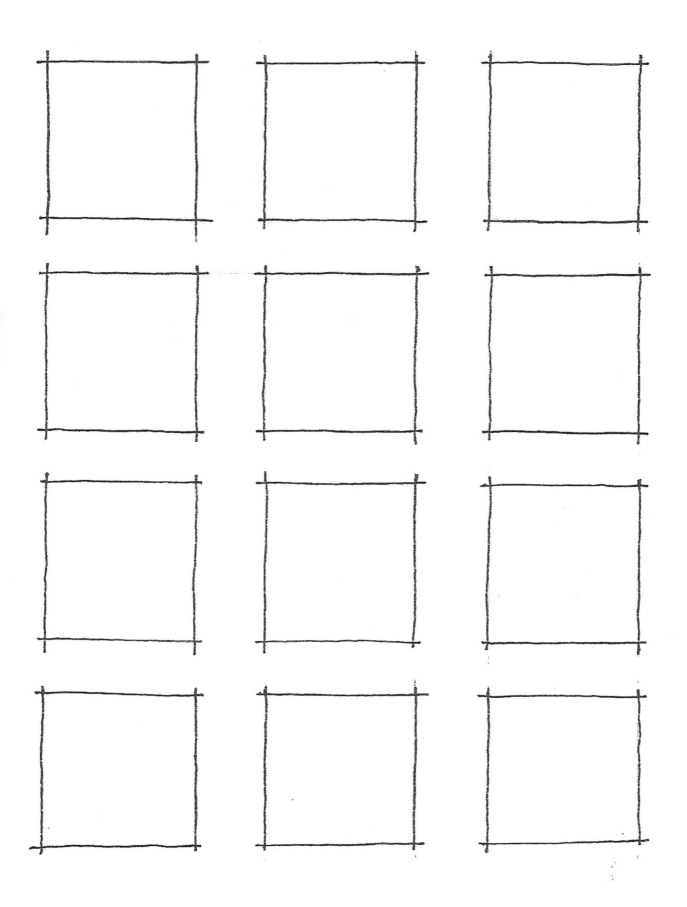

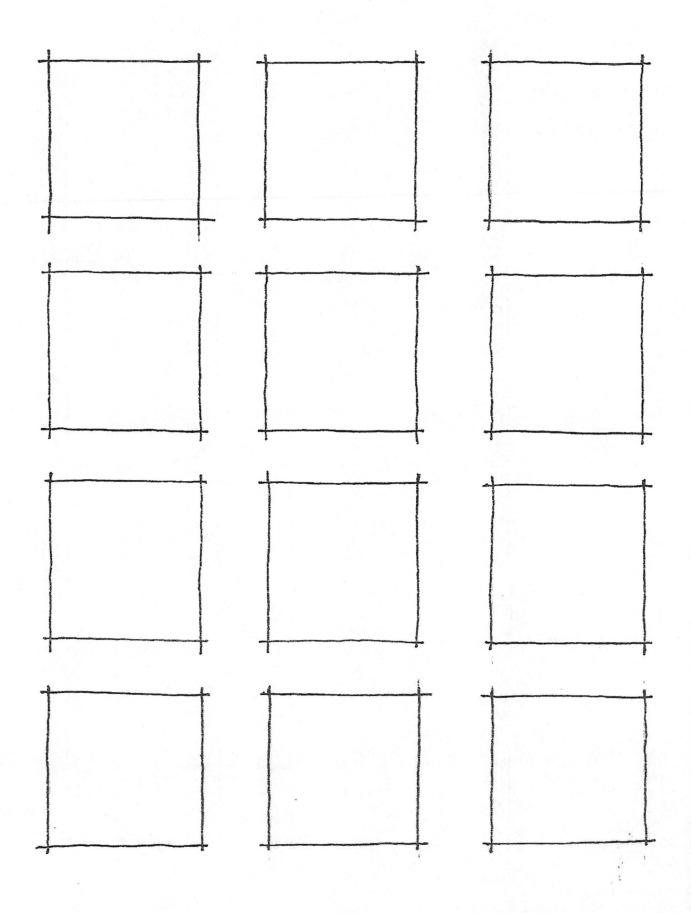